おやつのない人生なんて

伊藤まさこ

おやつのない人生なんて！

今日のおやつ、何にしようかな。
ふと呟いた私のひと言に、「おやつは毎日食べるの？」、「わざわざ買って？」、「洋菓子？　和菓子？」、「自分で作るの？」
友人から矢継ぎ早にこんな質問を受けました。
それもそのはず。その人は甘いものがあまり好きではないそう。仕事の合間のひと休みは、コーヒーを淹れるだけなのだとか。
甘いものが苦手でも、ふと何か食べたくなる時はないの？と尋ねると、「うーん」とちょっと考えてから、「たまにコーヒーと一緒にナッツを食べるくらいかなぁ。でもそうか、それが僕にとってのおやつなんだな」そんな答えが返ってきました。
そもそも「おやつ」っていったいなんなんだろう？
小さな子どもを持つ友人は、おやつとは「補食」。つまり、食事では補えない栄養を補うもの、という考え方もあるわよね、と言いました。
たしかに、1日中、保育園の庭で元気に遊び回っている子どもは、1度の食事では栄養が摂りきれないのかもしれません。育ち盛りですもの、食事と食事の間のおやつが必要なのでしょう。
では育ち盛りをとうに過ぎた私が、1日のうちでなぜこんなにおやつの時間が好きなのかというと、それはやっぱりウキウキ、わくわくするからなのだと思っています。

毎日のおやつの基本は見た目にかわいらしく、それでいてあまり飾り気のない、でもひと口食べれば、ほっとする。そんなものが好みです。
ドライフルーツをひとかけら。チョコレートを１粒。クッキー２枚。できれば日持ちがして、思い立った時に食べられるともっといい。お湯を沸かし、お茶を淹れ、気に入りの器におやつを盛って。小さな頃から、毎日繰り返してきたなんとも愛おしいこの時間は、私にとってはかけがえのないひとときです。
さて。私はなぜかいつでも腹ぺこです。いまだに育ち盛りなのでは？と自分でもあきれるくらい、朝昼晩のごはん以外に、ちょこちょこと何かしら食べている。いつものちょっとしたおやつに加え、時にはおにぎりや、喫茶店のナポリタンやうどんなど、「それがおやつ？」とびっくりされるくらい、しっかりとしたものを食べることも。「お腹が空いたら食べるもの」。どうやらそれも私の中では、おやつのくくりになっているようです。
おやつを食べなくても、もちろん生きてはいける。けれどおやつのない人生なんてさみしい。そして、おやつがあれば、いつでもたのしく、きげんがいい。人生、いつでもおやつを食べている時のようにいきたいもんだと思っています。

おやつのない人生なんて　もくじ

おやつのない人生なんて！

真夜中のチョコレートケーキ

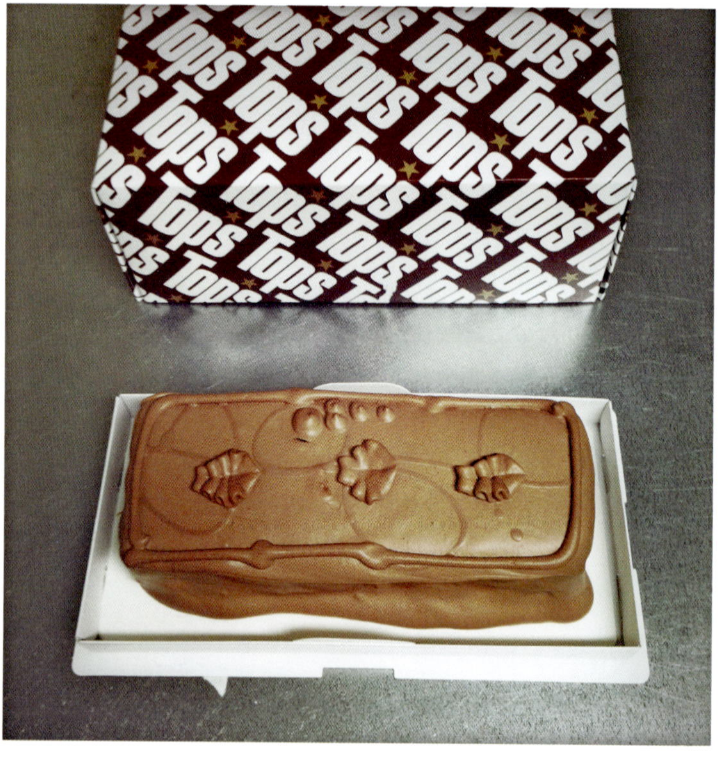

「ただいま」ひと口頬張った時に、そんな気持ちになるチョコレートケーキがあります。私が子どもの頃からずっと変わらずにある味。ほっとする味。トップスのチョコレートケーキのお話です。もちろんフランスやベルギーのショコラティエで作られる、まるで宝石のように美しいチョコレートケーキに浮気することだってあります。でも、戻るところはここなのです。

なかなか寝つけない夜、ベッドにもぐりこみながら、冷蔵庫に入っているチョコレートケーキのことを想います。もう夜中だし、眠る前に食べるのは、よくないよね、と自分に言い聞かせながらも、1度考えはじめたらいてもたってもいられない。明日の仕事の段取りを考えたりして気を紛らわせようとするけれど、考えの行き着く先はどうしてもチョコレートケーキなのです。

ベッドから起き出して冷蔵庫の扉をそっと開けると、あ、あるある。いつものあの箱。最初は2センチくらいにしておこうかな。パクリ、ペロリ。2センチなんてすぐおしまい。次は3センチいってみようか。そんなことなら最初から大きく切り分ければいいじゃないのと毎度思うのですが、夜、台所に立ちながら「いけない」「でもあともう少し」……ひとり、罪悪感と甘い誘惑のせめぎあいを楽しむのもなかなかのもの。おやつでも、お食後でもない、真夜中という秘密めいた時間がおいしさにひと役買っているのかもしれません。

春のおやつ

いちごの魅力はなんと言っても見た目のかわいさではないかと思っています。それから酸っぱさ。最近のいちごは甘ければ甘いほどよい、というような流れがあるように思いますが、私は多少、酸っぱさを残したものが好みです。形も、きちんとととのったものより不揃いな方がかわいいし、見ていてなぜか安心。
露地物のいちごが出まわる季節になると、待ってましたとばかりにせっせと買い込んで、せっせと食べます。まずは洗ってそのまま。それからヘタを取りグラニュー糖とレモン汁でマリネにします。
春によく作る、このいちごのマリネはとても手軽にできるデザートです。お客様が来る時は３パックくらいまとめて作り、大きな器に入れてテーブルに「好きなだけどうぞ」と、どんとお出しします。もちろんそのまま食べてもいいし、大人はシャンパンと一緒に、子どもはバニラアイスと一緒に。みんながよろこぶデザートです。
もしも残ったら、鍋に入れて強めの中火で煮ます。いちごから赤い色素が抜けて白っぽくなったら、火を止めて漉せばいちごシロップのできあがり。そのまま煮詰めればジャムに。いちごのマリネはこんな風に展開することができるからおもしろい。
まるくて赤い姿や、瓶の中に入ったシロップやジャムの様子はもちろん、煮る時に出るピンク色の灰汁でさえもかわいいと思えるくだものは、そうそうないんじゃないかな。

お皿の上をコーディネートする

パンケーキを焼くたびに、顔を描きたくなるのはどうしてだろう？

娘の友だちが、泊まりがけで遊びに来ました。翌朝、少し遅い朝食に用意したのがパンケーキ。テーブルの中央にガスコンロ、その上に大きな鋳物のクレープパンを置き、それを囲むようにバターやバナナ、ハチミツ、ジャム、メープルシロップ、チョコレートスプレッドなど、ありったけの甘い瓶を並べます。生地が用意できたら、あとは好きずきに焼くという気楽なスタイル。「くまちゃん作ろうっと」「次はこっちのハチミツかけてみる」なんて、それぞれの形や自分なりの味をお皿の上で作っていくのが、どうやら楽しいようです。
のんびりできる休日のブランチは、こんな風にパンケーキを焼くことが多いのですが、何度か作るうちに自分なりの食べ方の順番が決まってきました。まずはシンプルなパンケーキの生地を味わうために最初の１枚はバターをたっぷり、ハチミツをほんの少し。２枚目は、バナナとメープルシロップをかけて。３枚目はカリカリに焼いたベーコンとクランベリージャム。
もちろん毎回この通りというわけではなくて、ベーコンに目玉焼きを足したり、たっぷりバターとジャムを数種類にしたりと、アレンジを効かせる場合もありますが、組み合わせが上手くいき、おいしいひと皿ができあがると、満ち足りた気分になるものです。
コーディネート上手は、何もおしゃれにかぎったことではない。お皿の上のコーディネート上手も目指したいものだと思っています。

おいしい発酵バターを
たっぷりつけて食べるのが好き。
カロリーなんて気にしない、気にしない。

春の便り

季節ごとに「ああ、あれ食べておかないと」とそわそわするお菓子があるものです。
私にとって開運堂の桜のおまんじゅうが春のそれ。おまんじゅうに桜の花の塩漬けがのったその姿の愛らしいこと。桜が咲く頃だけのとっておきの楽しみになっています。
このお菓子が店に並ぶと、思い出す人がいます。初めて差し上げた時、いたく感動してくれた様子がうれしくて、以来、春になるとその方へ贈るのが習慣になりました。
ふたりとも、こまめに連絡を取り合うたちではないから、仕事で外国に行っているらしいとか、原稿書きのために海辺の自宅に閉じこもりがちらしい、なんて風の便りが届くばかり。
だから、1年に1度の春のこの季節、元気ですか。お変わりありませんか？ の挨拶とともに、桜の便りを届けるのです。

いただいたり、差し上げたり

わざわざ取り寄せしてくれたもの、家のご近所の甘いもの、旅のお土産、手作りのもの……。
おやつは自分で用意することも多いけれど、いただくこともしょっちゅう。我が家のおやつの時間が充実しているのは、友人たちのおかげでもある。ありがたいことです。
だから私も、おやつえらびはいつも真剣。だって「おいしい」には「おいしい」でお返ししたいですものね。

撮影の時の差し入れにいただいたのは、大好物の岡埜榮泉の豆大福。

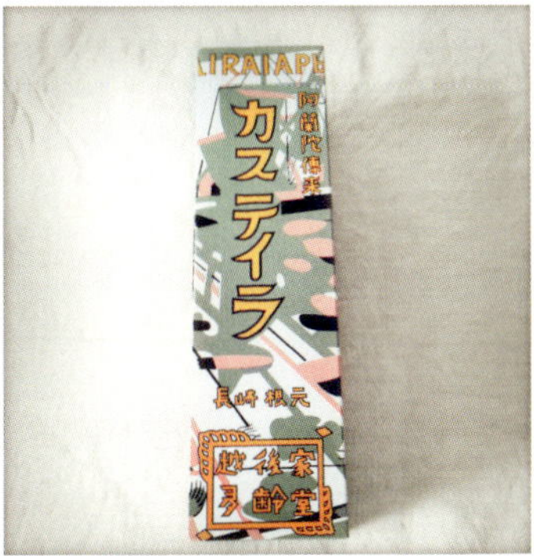

京都のお土産、越後家多齢堂のカステイラ。これぞカステラ！という正当派の味わい。箱もかわいい。

時におやつの差し入れが重なることも。お茶を淹れて充実のおやつタイム。

高松土産にはくつわ堂総本店の瓦せんべいの詰め合わせを。包み紙や紙袋のデザインがすてき。

ふわふわ？　もっちり？
不思議なお菓子は名古屋名物・鬼まんじゅう。
さつまいもの角切りが入った
なんとも素朴なお菓子です。

「近所のお店で見つけて春だなぁと思って」と友人。
うれしい手土産。

私の京都土産の定番、鍵善良房の菊寿糖。何度見ても美しいなと思うお菓子です。

お酒の香りふんわり。岡山・浦志満本舗の本酒むし小福まんじゅう。

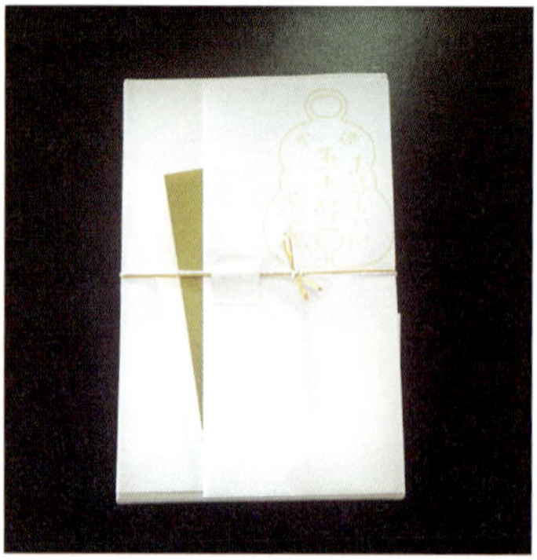

伊勢の方からは、こんな美しいお菓子をいただきました。きちんとお抹茶を点てていただきたい。

撮影の差し入れにいただいた愛らしいおせんべい？
信じられないほど軽い口あたり。

こちらも撮影時の差し入れ。
カラフルな落雁は豆皿とコーディネートします。

お正月にいただいたのは金沢の縁起菓子、福徳煎餅。
中には狛犬や招き猫などをかたどった
砂糖菓子や土人形が入っています。

奈良での撮影時、おやつに出してくださったのは
柿の葉寿司。

経木の箱にはフィナンシェがたくさん。バターのよい香り。

東京・淡路町の近江屋洋菓子店のバームクーヘンは、手土産にぴったりなサイズ。素朴な包み方もとても好き。

レモンの風味がしっかり効いたケーキ。
濃いめのダージリンと一緒にいただきます。

突然のピクニックのお誘い。
あり合わせのおやつをかごに詰めて。

自分へそして友人へ。
新宿・伊勢丹に行くと必ず買うのは、ドイツの老舗、
ホレンディッシェ・カカオシュトゥーベの
バームクーヘン。

友人の「華やかなお菓子！」というリクエストで
用意した手土産は
京都、ミディ・アプレミディのタルト。

どんな方にも、またどんな時でも喜んでいただけるオーボンヴュータンのお菓子。

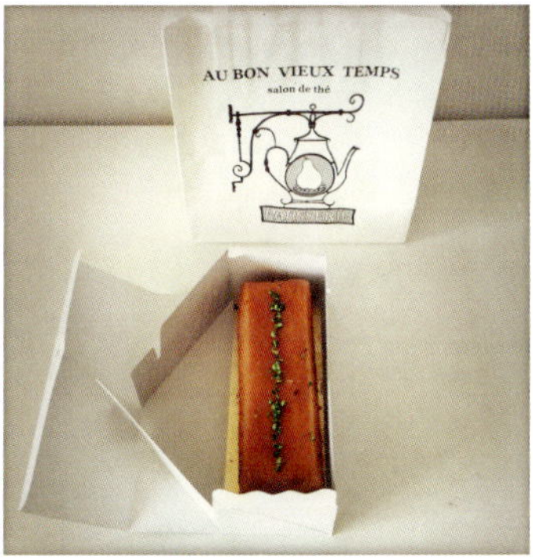

大好物のウィークエンドは手土産にも最適。

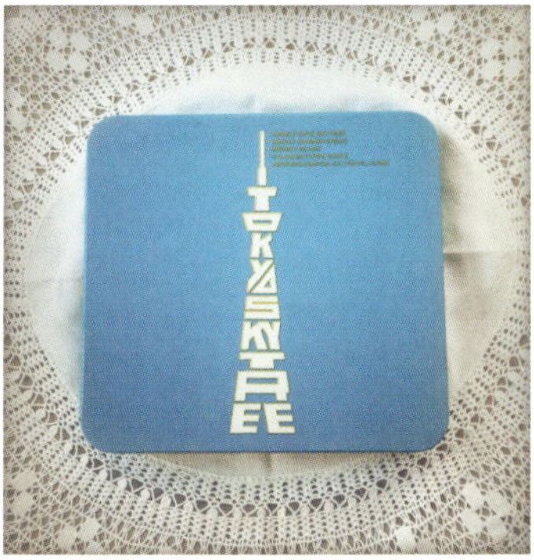

スカイツリー土産に姉からもらった資生堂パーラーのチョコレート菓子。
缶の柄がお気に入り。

桜のおまんじゅうを贈ったお返しにと届いたのは愛らしいパイ菓子。
とことんかわいらしいものが好きな方なんです。

シュークリームは、
富山の知人からの差し入れ。存在感のある皮と
中に詰まったカスタードがよい相性。

ナッツとドライフルーツがたっぷり入った
ケーキはAPOCの雅子さんにいただいたもの。
お酒が効いていて、ものすごーくおいしい。

料理家の友人からの誕生日祝いにもらったスウィートポテト。
今まで食べたスウィートポテトの中で一番おいしかった。

気配りが大事

同じ時間を過ごすのも、気配り次第で方向性はまったく変わるものだなと思うのは、ていねいにお茶を淹れ、お茶やお菓子に合った器をえらび、それに合うテーブルクロスを敷いて……という光景を目にした時です。
適当に淹れられたお茶を飲む時ほど、もの悲しい思いに駆られるのは私だけではないはずです。ほっとしたい時、または気分転換にとお茶の時間をもうけた時ほど、テーブルの上のコーディネートには気をつけたいものですし「お茶を淹れる」という行為そのものにも注意をはらいたいものだと思っています。
「お茶でも飲みに来ない？」友人に誘われるままに遊びに行った時のこと。お茶菓子はひよこ饅頭でした。和菓子のイメージのお菓子ですが、コーディネートは北欧風。お馴染みのお菓子が違った顔をして出迎えてくれたのでした。
六角形の黄色のお皿にちょこんとのったひよこのお菓子。テーブルクロスは黒地に白。きりりと引き締まってなんと潔いことか。ひよこ饅頭のイメージが変わった出来事でした。
ところで、このお菓子を食べる時、私はいつも「しのびないな」と思ってしまいます。だってその姿があまりにかわいらしいから。だからいつもおしりから口にするのです。まあ、食べてしまえば同じと言えば同じなのですが。でも気持ちの問題として。

千疋屋さんのいちごショート

よく行くデパートの地下に銀座千疋屋が入っていて、買いものの最後に立ち寄って、その日のおやつを調達します。フルーツと生クリームをふわふわの生地でとじこめたオムレットには特に目がなく、帰りの車の中で、オムレットの入った箱が助手席にちんまりと収まっている様子を見るだけで、ウキウキした気分になります。
娘も千疋屋のおやつは大好物。ふたりで買いものに訪れた時には、おやつを包んでもらっている間、フレッシュジュースでひと息つくというのが、お決まりになっています。
じつは母もここのショートケーキのファンです。娘、私、母。10代から70代まで幅広い年齢層に好まれる理由は、素材の確かさやていねいに作られているということはもちろんのこと、ずっと変わらぬおいしさを守り続けている老舗への安心感もあると思います。
「千疋屋さんならば大丈夫」というような。
母の誕生日のケーキは毎年ショートケーキと決まっています。毎回、「今年はどうする？」とお伺いをたてるのですが、その返事は決まって「いちごのショートケーキがいいわ」。
そして食べるたびに「やっぱりおいしいわよねぇ、いちごのショートケーキって。ケーキの中で一番好きだわ」。母の感想はいつも同じなのですが、ひと口食べたら、その言葉も納得できる。私もいちごのショートケーキが大好きだから。

雅子さんのパンケーキ

取り立てて予定の入っていない休日を、とびきりのものにしたかったら、APOC にパンケーキを食べに行くといいと思う。
青山・骨董通りのこの店は、料理家の大川雅子さんが切り盛りをしています。雅子さんは、近くの岡本太郎記念館内に「a Piece of Cake」という焼き菓子を中心としたカフェも開いていて、どちらも店の前を通ると、なんとも言えないおいしそうなにおいを漂わせている。きっとこのにおいに吸い寄せられて、お店を訪れる人も多いのではないかしら。
娘と私は、ここで過ごすおやつの時間が大好き。
あたためたメープルシロップとバターでいただくあまーいパンケーキも、かりかりのベーコンと目玉焼きをのせたしょっぱいパンケーキもどちらも好物。しかも、ホイップクリームとレモンとメープルシロップの組み合わせもやっぱり食べたいよねぇなどと言いつつ、ついついお代わり。「ふたりともよく食べるわねぇ……」と、毎回、雅子さんをびっくりさせています。
家で焼くパンケーキもいいけれど、雅子さんに焼いてもらうと、なぜだかずっとおいしい。それはきっとパンケーキにかけてきた愛や時間が、私よりずっとずっと長いからなのだと思っています。

OATS

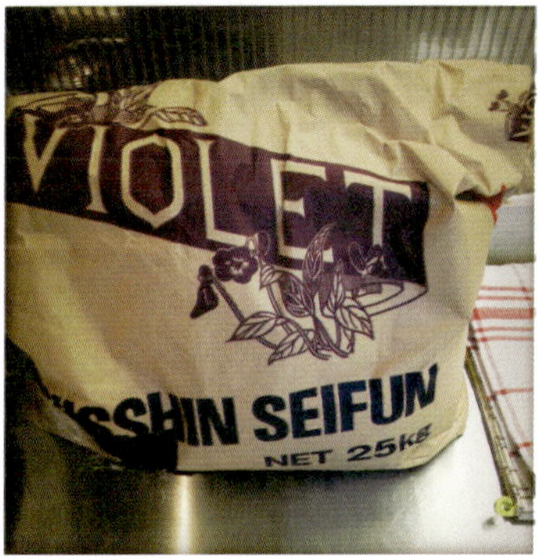
VIOLET
NET 25kg

MARIE PARIS

イノダでほっとひと息

ぽかりと２日ほど予定が空くと、どこかへ旅をしたくなります。温泉でのんびりもいいし、森の中のホテルで読書も捨てがたい。いつもあれこれと想いを巡らせるけれど、だいたい行き先が京都になるのは、何度か通ううちにだんだんと私がこの街に馴染んできたからかもしれません。
毎回、訪れたくなるのはイノダコーヒ。清水寺の近くやデパートの中など、京都市内にいくつか店を構えていますが、私の気に入りは境町通の三条を少し下ったところの本店です。
入り口すぐ右の大きな丸テーブルはきっと常連さん専用。「ちょっとコーヒー１杯飲みに来た」という風情でひとりぶらりとやって来ては、いつもの席に座って思い思いに自分の時間を過ごしているおじさんたちを見ていると、せっかく京都に来たならば、あそこも行こう、ここも行かなくては、と前のめりになる自分が少し恥ずかしくなる。こんな風にさりげなくイノダが自分の生活の中に溶け込んだら、どんなにすてきかと思うのですが、それには「年季」が必要なのだと思っています。
コーヒーと一緒に頼むのは、少し酸っぱくて、でもきちんと甘いレモンパイ。ここのところ、続けざまに頼んでいるお気に入りです。
さて、これからどこへ行こうか。店に漂うコーヒーの香りにすっかり気分がよくなった私は、また元気に街へと繰り出すのでした。

COFFEE
NODA COFFEE SHO

レモンパイ
税込 ¥440

東京でN.Y.気分

新宿界隈でゆっくりとお昼ごはんでも食べましょうという時、まっ先に思い浮かぶのがパークハイアットのニューヨークグリルです。エレベーターで52階まで上がり、レストランに一歩足を踏み入れると、さっきまでの喧噪が嘘だったかのような、静寂で洒落た空間が広がります。
ここのランチですが、メインをひとつえらんだら、中央のテーブルに並べられた前菜とデザートを好きずきに取りに行くブッフェスタイル。野菜ときのこのグリル、生ハム、グリーンサラダにフムス……白い器に美しく盛られた前菜が並ぶ姿は「洗練」という言葉がぴったりだなぁと、見るたびに感心します。味わいと器と盛りつけのセンスのバランスがとてもよいのです。
でも食べ過ぎは禁物。まだメインもあるし、メインの後には、デザートだって控えているのですからね。
お腹に少しの隙間を残して、その時間を迎えます。
デザートが並ぶテーブルは見ているだけで心が浮き立ちます。ケーキにアイスクリーム、フルーツ、チョコチップクッキー、マシュマロ……さて何を食べようかなと、迷う時間も楽しい。
白いお皿に自分でデザートを美しくレイアウトして、ゆっくり過ごす午後のひととき。たまにはこんな時間の過ごし方もいいものです。

すいかのグラニテ

いつだったか、市場で見つけたすいかを、食べきれるかどうかとさんざん迷ったあげく買って帰ったその日に、大きなすいかをいただいてしまったことがありました。ごろんごろんとふたつのすいかを床に置き、しばし途方に暮れましたが、とにかく食べなければと、まずはざくざく切っておやつにしました。
その年はとても暑くて、水代わりにすいかを食べた記憶がありますが、その時「ウォーターメロン」という名前の由来を実感したような気がします。
ふたつのすいかですが、無事に食べきることができました。というのも、その時期なぜだかお客様がとても多くて、お茶の代わりにすいかをお出ししていたからです。その時「買いたい気持ちは湧くけれど、１個丸ごとはね」という声が多くて、なるほど、私と同じ考えの人はいるのだなと思った次第。食べきれるか？という問題以外にも、ひとつ買えば冷蔵庫はすいかに占領されてしまいますものね。
それからせっせと作ったのがすいかのグラニテです。すいかの果汁をバットに入れて、固まる途中で何度かフォークでかき混ぜるだけ。砂糖も加えないのですが、生で食べるのとはまた違い、ひんやりと冷たく、ざりざりした食感が夏の暑さに心地いい。
生で食べるのに少々飽きてしまったら、グラニテ作りをおすすめします。

北海道

夏休み、どこかでのんびりしようと思いついた先が北海道。十勝平野のまん中辺り、なんとものどかなところに姉の家があるのです。
帯広空港に降り立つと、そよっとした風がおでこをなでて、今までのうだる暑さはもしかしたら何かの間違えだったのではと思うほど。なんだか幸先のいい旅のはじまりです。
姉の家には、高校生の甥っ子と姪っ子がいて、実家などで１年に何度か顔を合わす機会はあるけれど、そういえば夏の北海道で一緒に遊ぶのは初めて。旅の間の予定は特になし、強いて言うならば「何もしない」を、する。そんな私に湖遊びや、カヌーで川下り、山へトレッキングなどいかにも北海道らしい過ごし方の提案をしてくれるみんな。せっかくならば……と結局、本も読まずに毎日、元気に外へ遊びに行くことになったのでした。
おやつは毎日のように、姉の家から車で５分ほど走ったところにある牧場へソフトクリームを食べに行きました。食いしん坊の甥っ子が胸を張って薦めるここの牧場のソフトクリームは、とても自然で健康的な味。なるほど、のんびりと草を食み、牧場で思い思いの時間を過ごす牛や羊たちは、みんなとても健やかで満ち足りた顔をしている。おいしいにはきちんと理由があるのだと思った次第です。そしてそれを作り出しているのは北海道の大きな自然なのですねぇ。それにしても北海道は広い。

あけくち

どこを走っても、こんな光景に出会う。

牧場にはハーブがたくさん。

羊のお乳はチーズになります。

途中、出会ったむくむくの犬。

カヌー小屋にひっそり咲いた花。

ひとりテントを張っている人と遭遇。
スナフキンみたい。

こちら別の牧場の羊。
牧場によってどことなく顔つきが違う。

カヌーを漕いだ後、
飲んだコーヒーのおいしかったこと！

然別湖《しかりべつこ》。水も空も空気もすべてが澄んでいる。

夏の定番

夏のおやつと言えば、アイスクリームです。
世の中、かき氷流行りですが、私はだんぜんアイスクリーム派。魚より肉、ハーブティーよりワイン、といった私の食の好みに通じるものがあるようです。
夏の間は冷凍庫の中に、ハーゲンダッツのアイスクリームを何種類か買いおいて、おやつまたは食後のデザートにいただきます。
そのまま食べるのはもちろん、バニラや抹茶のアイスだったら、あずきと合わせて和風に。ストロベリーアイスにはいちごのマリネを添えてダブルストロベリーに、というように、アイスクリームに何かを足すことも。
ごくたまに、500mℓ入りの大きなサイズを買います。大きなサイズには小さなものにはない楽しみがあるのです。
それは……カップを抱え込み、大きなスプーンで好きなだけ掬って食べること！
お行儀悪いですか？
いえいえ、このお行儀悪さも、おいしさのうち。だまされたと思って１度、試してみてください。
いつもの1.5倍はおいしく感じるはず。

Häagen-Dazs
strawberry
ICE CREAM

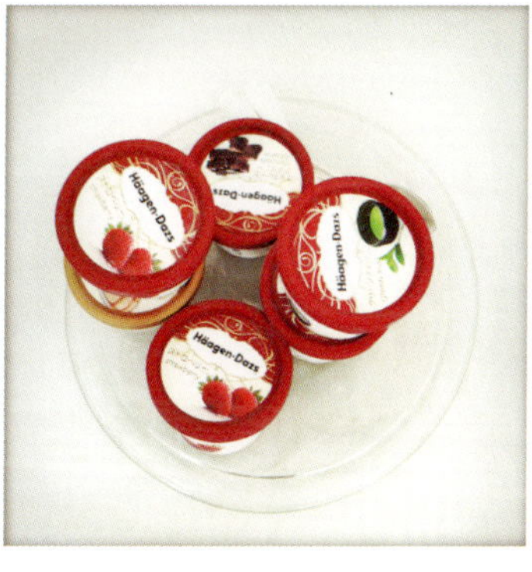
Häagen-Dazs
Häagen-Dazs
Häagen-Dazs
Häagen-Dazs

飛騨の山ぶどうジュース

旅の目的は人によってそれぞれだと思うけれど、私はなんと言ってものんびりすることに尽きます。とはいえ「せっかくなら」という欲張りな気持ちが頭をかすめることもしばしば。のんびりできて街歩きも楽しく、できれば朝市なんかもあって……とあれこれ考えると、行きたいところは必然的にしぼられてきます。
城下町や商家の佇まいが残る、飛驒高山の街はそんな私の欲張り心を満たしてくれる場所のひとつです。
まずは宮川の朝市に行くでしょ、それから飛驒牛のカレーでも食べようか。向かう車の中で到着してからの過ごし方を相談していると娘がぜひとも訪れてみたい喫茶店があると言うのです。最近読んだ小説の中にその喫茶店が出てくるのだとか。
到着して、街をぶらぶらしていると「あれ？　多分、ここだと思う」と娘。街に馴染んだその喫茶店の、窓際の席に案内された私たちは、小説の中に出てくる「どの店よりも酸味を効かせたキリマンジャロ」ではなく、山ぶどうジュースを注文。
待っている間、店内をじっと観察している娘の頭の中は、きっと小説のことでいっぱいなんだろうな。ただ私の後をついてくるだけだった小さな頃とは、旅の様子もずいぶん変わったものだとしみじみ。
その山ぶどうジュースは渇いた喉に染み入って、一瞬でさっきまでの暑さを取り払ってくれたのでした。また来ようね。

飛騨高山には
味わいのある店がたくさん。
街に馴染むように溶け込んでいます。

お目当ての店に到着。
コーヒーのいい香りが店内に広がっています。

おだやかな光が差し込む窓際の席。
ジュースを飲んでひと休み。

古い柱時計。

途中で見つけた雰囲気のいい喫茶店。

あれ？　こちらの喫茶店の軒先には
燕が巣を作っている。

古い家の軒先に朝顔。

朝市が開かれる陣屋前。
でも今日は一足遅くて店じまいしてました。残念。

高山の街は本当に水がきれい。

宮川沿いの朝市で野菜や漬け物を調達。

鎌倉・小町通りの甘味屋さん

久しぶりに鎌倉の友人の家に遊びに行きました。娘の絵の先生でもあるその友人にはひとり息子の太郎ちゃんという６歳の子がいて、私と高校生の娘、太郎ちゃん親子の４人は、年齢はばらばらなのに、なぜかウマがあって一緒にいると居心地がいい。
彼女のアトリエでみんなで絵を描いている途中、今日のおやつは何を食べようかという話になりました。せっかくならば、鎌倉駅近くの甘味処はどうかと友人が言い、全員一致でその意見に賛成。さっそくその店に向かうことにしました。
そうか、私たち４人の共通するところは「食いしん坊」なのかもしれない、と思ったのは、甘味屋さんで甘いものを食べていた時のこと。まずはひと口。うーんおいしいと目をつぶり、その後は一心不乱に目の前のおやつにただただ向かい合うばかり。さっきまであんなにおしゃべりしていたのに。器の底が見えたところで、そっちもおいしそうだったな、いや、でもやっぱり善哉にして正解だった、などと話は再開。
今度またみんなでここに来ようね。私たち、あんこ友だちだね。という私の言葉に「うん」と小さくうなずいた太郎ちゃんのなんとかわいいこと。お腹がほっこりするとともに心もじんわりと温かくなった出来事でした。

あんみつブーム

時おり、おやつのブームが沸き起こることがあります。
最近はクリームあんみつのことがどうにも気にかかっています。
あんことアイスクリーム、寒天、くだものという、とてもシンプルな組み合わせですが、あんこの炊き方ひとつとっても店によって工夫のしどころが違うし、アイスクリームも寒天も、添えるくだものだって、ひとつとして同じクリームあんみつはない。
この小さな器に広がる無限の宇宙（けっして大げさではなく）に、心はつかまれっぱなしです。
松本の塩川喫茶部のクリームあんみつは、もしかしたら毎日ずっと食べ続けられるのでは？と思う味。その秘密は手作りのアイスにあるのではないかなと思っています。つい「アイスクリン」と呼びたくなってしまう、懐かしさあふれるアイスは、さっぱりしていながらも、どこかほっとする味。あんことの相性もとてもよく、するすると喉を通り抜けていくのです。街に馴染んだ店構えもいい感じで、平日の昼すぎには、近所のおばあちゃんが友だちとおしゃべりしがてら、おやつの時間を過ごしている。
隣の席に座ったおばあちゃんも、どうやらクリームあんみつをオーダーしたみたい。ひと口、またひと口と器に向かう表情はとても幸せそうで、そうか、あんみつはいくつになっても女心をくすぐる食べものなのだ、とひとり納得したのでした。

まるで避暑地のような

松本にはもうひとつ、気に入りのお店があります。
開運堂は、街の中心部にいくつか店を構えるお菓子屋さん。地元の人にも、また、旅で松本を訪れた人にも人気のお店です。
松本城をもう少し北側に歩いていくと、開運堂・松風庵が見えてきます。ここは市内の開運堂の中で、お茶席が併設されている唯一のお店です。
夏になると大きな窓がすべて開け放たれ、窓から望む庭を眺めていると、時おり涼やかな風が入ってきて、なんとも気持ちがいい。雰囲気もごちそうのひとつだな、としみじみ感じ入るお店です。
娘と穂高の碌山美術館を訪れた帰り、何か冷たいものが食べたいね、ということになりました。
映画を観たり、美術館で過ごした後は、甘いものを食べる、というのが私たちの決まりになっているのです。
夏の日差しを避けるように松風庵に駆け込んで、クリームあんみつを頼んだら、ほっとひと息。
私の中では一時の避暑地のような存在になっているのです。

お食後にクリームあんみつを

クリームあんみつといえば、絶対にはずせないお店のひとつに、京都の月ヶ瀬があります。
寒天の口どけのよさや、あんこの甘み、赤エンドウ豆の炊き具合が、なんとも言えず絶妙。
いつも「ああ、このままずっと食べても食べてもなくならなければいいのに！」とひと匙ごとに減っていく器の中を見ながら、惜しい気持ちでいっぱいになります。
夏の夕暮れ、早めの晩ごはんを食べ終えて、祇園をぶらぶら歩いていると、あれ？　まだ暖簾が出ている。
お腹に隙間など残っていないはずなのに、なぜだか急に体が甘いものを欲しがり始めて、吸い寄せられるようにお店の中へ。
ああ、そう。これ、この味。
きちんと、そしてていねいに作られているのに、親しみを感じる、月ヶ瀬のあんみつ。
京都を訪れるという友人には、「月ヶ瀬であんみつ食べてみて」と言うことにしています。
この幸せをみんなにも味わって欲しいから。

ニューヨーク

憧れがずっとヨーロッパにあったせいか、アメリカ大陸へ上陸したのは40代に入ってから。それまで行かなかったもうひとつの理由は、その大きさでもあると思う。大きさに、自分がついていけない気がしたのです。
訪れるきっかけを作ってくれたのは東京からニューヨーク・ブルックリンに移り住んだ友人でした。時おり届くブルックリン暮らしの便りからは、少しずつ街に馴染んでいく友人の様子が垣間見られ、ああ、ここにもふつうの暮らしがあるんだなぁ、行きたいなぁ……、そう思ったのです。当たり前といえば当たり前のことなのにね。
初夏のニューヨークは、私の心配などよそにじつに大らかに迎え入れてくれました。まるで町中がおいでおいでと手招きしているみたいに。はりきってニューヨーク案内を買ってでてくれた友人のおかげで、この街に馴染むのも、この街が好きになるのもずいぶん早く、食わず嫌いだったことを後悔したのでした。
中でも私の心を虜にしたのは、オーガニックの野菜やフルーツが充実していておいしいこと。スーパーや街の食材屋でも気軽に手に入るのです。だから滞在中、流行りのスウィーツを尻目にせっせと食べたおやつは、もっぱらフルーツ。もしくはドライフルーツ！　せっかくなのにもったいない？　いえいえ、こんなにおいしいんだから、せっせと食べなくちゃ。ね？

フルーツ以外に印象的だったお店のひとつがこちら。
ブルックリンのファーマシー＆ソーダファウンテン。
カウンターでわくわくしながら待っている女の子たちがかわいい。

1920年代の薬局を改装したお店なのだとか。

床のタイルはこんな風。

店内の様子もお店のスタッフのユニフォームも、
どこか懐かしい雰囲気。

まっ赤なチェリーがのった生クリームたっぷりの
バナナスプレッド！

セントラルパークを散歩。

いちごの季節です。

ホテルから歩いてすぐの
ディーン&デルーカ本店で腹ごなし。

オーガニックの食品を扱う、
ホールフーズ・マーケットの野菜売り場。

街歩きのおともにアイスカフェオレを。

ニューヨークは明るい色が似合う。

滞在中、ずっと青空。

メトロは 24 時間動いていてとっても便利。

散歩中に見つけた魚柄の壁。

おいしい野菜は鳥にも分かる。

ブルックリンのグローサリーは個性的な店がいっぱい。

芝生の上でゴロゴロする。

手がき文字がかわいい。

ふだんあまり食べないドーナッツも、ニューヨークでなら食べたくなる。

公園ではリスをよく見かけます。

ぽってりとした質感がいかにもアメリカ。

おしゃれな肉屋さん。友人行きつけの店。

ベリーいろいろ。ジャムにして日本に持って帰りたい。

肉屋の片隅に野菜。もちろんすべてオーガニック。

マーケットでハチミツを調達。

扉の色とレースの相性がいい感じ。

友人宅でごはん。ぶどうの白ワインシロップをかけた
アイスクリームが今晩のデザート。

MOMA のカフェでひと休み。シャンパンと一緒に。

またリス発見。とても人懐っこい。

山積みとうもろこし。
買いものに来ている人がおしゃれ。

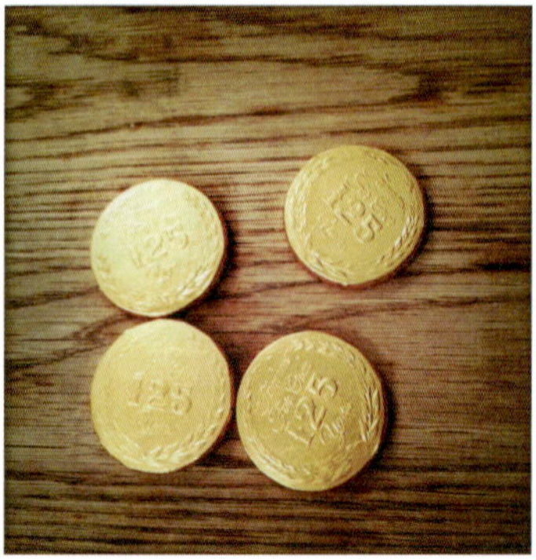

ステーキ屋のウェイターのおじさんにもらった
コインのチョコレート。

カフェでひと休み、もいいけれど公園が一番。初夏に訪れて正解。

ホールフーズ・マーケットでハチミツをたくさん。

並べ方がいちいちかわいい。

市場通りのエッグタルト

横浜の中華街には「市場通り」という小さな通りがあります。
ここでの目的はふたつ。まずは店を構えて60年という八百屋さんで、香菜やまこも茸、金針菜や空芯菜などの中華野菜を買います。
それからメイン通りを背に、しばらく歩くと右角に見えてくるのが、頂好食品というお菓子屋さんです。
ココナッツ団子や、マーラーカオ、焼餅、油條、胡麻団子などがずらりと並んだ店先のテーブルの様子は、それは賑やかで楽しそう。
「えーと、あれとこれくださいっ」。中華街の雑踏や、お店の人の活きのよさも手伝って、私も、ついつい威勢がよくなってしまうのです。
ここのお菓子はどれもとても素朴な味わい。小さなサイズのものが多く、1度にいくつもの味が楽しめるところも気に入っています。
昔からの好物はカスタードのパイです。
かわいらしい見た目そのままのほっとする味わいが好きで、いつも帰る道すがら、車の中でパクリ。
きちんとお茶を淹れて、お皿に盛って……もいいけれど、つまみ食いが許される大らかさが頂好のお菓子の魅力でもあります。

横浜大飯店
高級中華料理・中華菓子
中華街

中華街の穴場フルーツパーラー、エル

家族と一緒に小さな頃から何度となく訪れた街、横浜。愛着もあるし、思い出も詰まっていて、今でも時おり訪れては、食材を買ったり、食事をしたり。
その中のひとつ、山下公園近くの朝陽門そばのフルーツパーラー、エルは、私が子どもの頃から変わらない佇まいを残している貴重な店と言えるでしょう。
移り変わりの早い中華街、しかもとても目立つ場所に位置しているのに、いつ訪れても少しも変わらない顔で迎えてくれる。
バナナやパインのフレッシュジュース、フルーツの盛り合わせ、ソーダ水にレモンスカッシュ。トースト、卵サンド、野菜サンドにミックスサンド……。
小さな子どもからおじいちゃんやおばあちゃんまで幅広い年齢層に愛されている理由は、けして浮つくことのないその味わいなのだと思うのです。
中華街の人ごみに疲れたら？　まずはエルでフルーツをふんだんに使ったジュースを飲んでひと休み。
中華まんだけじゃない、お土産探しだけじゃない、本当の横浜の中華街らしさがこの店に詰まっているような気がします。

We are China Town.

さつまいものおやつ

秋になると食べたくなるのは栗やさつまいもです。けれども、栗を剥くのがどうにもめんどう。茹でたら半分にしてスプーンで掬って食べるのがせいぜいで、そこから何かを作るというところまで、なかなか気が向きません。
そこへいくと、さつまいものおやつは気軽です。日持ちのする食材なので、秋の間はいつもストックしている。さつまいもに加えるバニラシュガーや牛乳、バターはいつも家にあるものですから、食べたい時にすぐできる。家のおやつはこうでないといけないな、と思います。
気軽だからといって、手を抜くのではありません。お菓子屋さんに並ぶケーキと違って、こちらは見た目も味わいも、素朴さが売り。だからこそのちょっとした工夫を加えること。
たとえばオーブンで作る焼きいも。こちらは低温でじっくり火を通し甘みを引き出します。このままでも充分おいしいおやつになりますが、好みで砂糖を加えたり、シナモンをふったり、バターのかけらをところどころ落としたり。砂糖もバニラシュガー、グラニュー糖、三温糖、きび砂糖、もしかして黒糖も合うかもしれない……などと味の広がりを想像しながら作れるところも、手作りの醍醐味といえるでしょう。
それから、よく作るのはスウィートポテトです。こちらもオーブンでよくよく火を通したさつまいもをつぶし、牛乳と砂糖とバニラシュガーとバターを加えて混ぜ、表面に卵黄を塗ってオーブンでさっと焼けばできあがりという簡単さ。
さつまいものつぶし加減がセンスの見せどころで、何も考えずに平坦につぶすと、せっかくの素朴さが失われてしまいます。なめらかなところと、ごろりとさつまいもの食感を感じるところが一緒にあってこそおいしい。
想像の幅と比例して味わいも広がると思うと、おやつ作りは、楽しくて奥が深いもの。家中が甘い香りでいっぱいになるところも、気に入っています。

耐熱皿にたっぷり作る。さつまいものおやつは気どらないのが一番。

ぷるん、つるり

名古屋と聞いて、まっ先に思い浮かぶ食べものは何ですか？　ひつまぶし、天むす、味噌煮込みうどん、喫茶店のモーニング？……私の場合はわらび餅です。芳光の、わらび餅。ぷるん、つるり。思い浮かべただけで口に入れた瞬間のあの幸せがよみがえります。

出会いは数年前のことでした。名古屋の方がお土産にと買って来てくださったのがきっかけです。「地元でも評判なんです。早い時間に売り切れてしまうこともあって、今日は朝一番にお店に寄ってから来ました。ぜひ召し上がっていただきたくて」。

こういう方のおかげで私は家にいながらにして、おいしいものに巡り会えるのですね。ありがたいことだなぁと思います。

作りたてが命のわらび餅。ゆえに地方への配送は一切無し。お店を訪れた人しか手に入れることができないなんとも貴重なお菓子です。

だからこそ、名古屋を訪れたら手に入れたい。「えーと、6つずつ3箱、お願いします」すぐに手渡せるあの人と、この人、そして自分にお土産。

包んでいただいている間、わらび餅と季節のお菓子を店内でいただくのが、いつものここでの時間の過ごし方です。今日は見た目にかわいらしい「焼栗」を。ぱくり。ひと口食べれば秋を封じ込めた至福の味わい。わらび餅でずしりと重い紙袋を下げながら、気持ちと足取りはウキウキと軽く、名古屋を後にしたのでした。

ころりとした見た目もかわいらしい焼栗。

お腹が空いたらパンでおやつ

焼きたてのバゲットを買うといつも、はじっこを少しずつちぎってつまみぐいしながら帰ります。バゲットは中のふわふわが好きですか？　それとも皮のパリパリした部分？　私はだんぜん、パリパリ派。だからこそ、家まで我慢ができないのです。
バゲットに限らず、焼きたてのパンには目がありません。お腹が空いている時にどこからともなくパンを焼く匂いが漂ってくると、いてもたってもいられなくなります。その匂いに吸い込まれるように店に入り、ひとつかふたつおやつ用に調達します。
バゲットのように包みをカサコソ言わせながら今すぐここで食べてしまおうか？　それとも家まで我慢しようか。誘惑に勝てない時もあるけれど、家に帰ってから、紅茶やカフェオレを淹れて、落ちついて食べる時もあり、いずれにしてもどちらの食べ方も気に入っています。
冷凍庫には気に入りのパンを５種類ほど常備しています。ちょっとお腹が空いた時や、買いおきのお菓子がない時に冷凍しておいたパンの登場。オーブンでかりっと焼いて、ジャムをたっぷり。お茶を準備したらおやつの時間です。
お腹が落ちつくと仕事のはかどり具合も違うもの。ケーキとも違う、ごはんとも違う。パンはその中間のほどよさがいいな、と思っています。

パリ

パリの街は、どこまでも美しく、自由で、ちょっと一筋縄ではいかないかんじ。
「どうしてパリが好きなの？」と聞かれたら「それはパリだからです」そう答えるより他によい言葉が思い浮かばない。私にとってパリは10代の頃から憧れ続ける場所なのです。
こぢんまりとした街は歩くのが楽しくて、どこかへ向かうにも、ちょっと回り道をして、知らない道を通ってみることにしています。そこにはきっと何か新しい発見があると思うから。
ところでパリの人たちは、歩きながら食べる姿が板についている、そう思いませんか？　バゲットのサンドウィッチ、りんごやバナナなどの果物。歩きながら、時にはメトロを待ちながら、バスの中でも。お行儀悪いと思う前にかっこいいな、そう思えてしまうのは、私がパリ贔屓なせいもあると思うけれど、いつか私もこんな風に自然に食べ歩きができたらいいなと憧れる気持ちもあるのです。
久しぶりに訪れたパリは、相変わらずのさりげなさ。
ああ、いつまでたってもきっと片想いのままなんだろうなぁ、この街に。

マルシェで見つけたビオのりんご。自然に育ったりんごはどれも不揃い。

買いもの中のご主人様に寄り添う。

モンマルトルの丘。

借りているアパルトマン近くの店で、
ワインと生ハムのおやつ。

運河を散歩。

並べ方に店主の心意気が伝わってくる。

好きな色の組み合わせ。

幻想的な空。

メリーゴーランドだってパリだとこんなに洒落てしまう。

コーヒーポットいろいろ。

空き瓶は売り物？　店主はワインでごきげん。

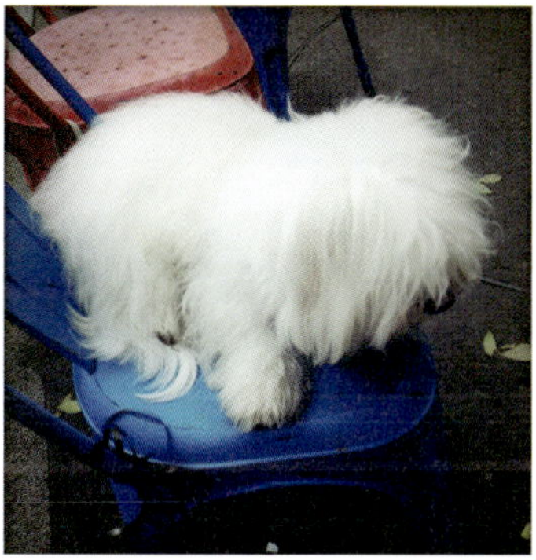

それで前が見えるの？　ムクムクワンちゃん！

パン・オ・ショコラで腹ごしらえ。

マルシェで見つけた卵。買って帰って
アパートの部屋でパン・ペルデュでも作ろうか？

酸っぱくて甘いいちご。野の味がする。

セーヌ河近くの気に入りのサロン・ド・テ。

かごの中にはおいしそうなものがいっぱい。

人の買いものかごの中が気になります。

犬は公園に入ったらダメ！

マルシェで生ガキを。白ワインがあればもっと最高。

お菓子の型いろいろ。
古い物にはいい味わいが染み込んでいる。

友人のアパルトマンへ。

古いパサージュの中に佇む女の人の像。

マドレーヌの型を買おうかどうしようか。

カトル・カールにりんごのピュレ、生クリーム。
初めての味。

サヴォワキャベツ。

今日は散歩日和。

驚くほどお酒が染み込んだサヴァラン。
ひと皿で酔っぱらいになってしまいそう。

鉄の扉の模様に目を奪われる。

日曜日の午後、ヴァンヴの蚤の市へ。

印刷に使われるもの?

バスク名産・黒さくらんぼのジャムが入ったフロマージュ・フレ。

奈良ホテルでホットケーキ

奈良ホテルは、奈良の中でもとても好きな場所のひとつです。
時間に余裕がある時は、宿泊を。たとえ慌ただしい旅だとしても、ティーラウンジに寄って、お茶と甘いものでほっとひと息つくことにしています。明治42年の創業というから、100年余り経つクラシックな建物には、ふだんのせわしない毎日を忘れさせてくれる作用がある。
窓からさし込む光や、庭からの気配を感じるうちに、ざわついていた気持ちがだんだんと鎮まっていくのがわかるのです。きっと、ここにしかない時間の流れ方がそうさせてくれるんだ、何度か訪れるうちにそう思うようになりました。
奈良での仕事を終えた日、滞在を1日延ばして1泊することにしました。がんばったね、ご苦労さまでした。自分のために、自分だけの時間をプレゼント。
夜はだれにも気兼ねせずに、遅くまでベッドで本を読みふけり、目覚ましをかけないで起きた朝、ブランチをとりにダイニングへ向かいます。
メニューはもちろんホットケーキ。
隣のテーブルのささやき声を聞きながら、最後のひと口を食べ終える頃には、すっかりリラックスしていて、この時間を自分にプレゼントしてよかったんだと実感したのでした。

どこを切りとっても絵になるホテルは、ありそうでいてなかなかない。
奈良ホテルは貴重なところだと思う。

浅草フルコース

「来月、日本に帰ります。日本の洋食が恋しいなぁ……」。朝起きてパソコンを開いたらパリに住む友人からこんなメールが届いていました。パリに行くと、いつも気の利いた店に連れて行ってくれる彼女。久しぶりの日本ならば、お昼ごはん、何かおいしいものを食べさせてあげたい。東京で洋食ならばどこがいいかな？とあれこれ想いを巡らせて、浅草のヨシカミに行くことにしました。
ビーフシチューにコンビネーションサラダ、オムライス……半世紀以上にわたって守られてきた日本人の口に合う洋風のごはんに「ああ、そう。これ、この味！」と大満足のようでした。よかった。
さて、お腹がいっぱいになった私たち。デザートはやっぱりあそこでしょうと、迷うことなくアンヂェラスへ向かいます。
昭和21年創業の喫茶店、アンヂェラスは、手塚治虫や川端康成などが集ったことでも知られる浅草の名所。水出しのダッチコーヒーが有名ですが、私たちのお目当ては、やっぱり甘いもの。バナナボート、エクレア、ショートケーキにチョコレートパフェ……しばし悩みますが、私はやっぱりいつものプリン・ア・ラ・モード。懐かしい味わいのプリンのまわりにフルーツと生クリームがたっぷり添えられた幸せの味。「やっぱり浅草に来たらこれ食べないとね」。
つい口を出る台詞もいつも一緒です。最後は浅草寺でお参りを。私の浅草フルコース、気に入ってもらえるとうれしいな。

L u
バナナパフェ
¥750
チョコレートパフェ
¥750

子どもの頃のおやつ

私が生まれ育ったのは港町としても有名な横浜ですが「横浜」と聞いてだれもが想像する中華街とか、山下公園とか、元町といったところではなく、どちらかというと東京にほど近い場所。私鉄の開通によって沿線のまわりが造成されて、新しい家がどんどん立ち並び……といった地域でしたので、いわゆる昔ながらの趣のある建物やその土地ならではの風習があるわけではありません。
子どもの頃は自分の行動範囲こそが自分の領域なわけですから、そのことは特に気にも留めずに暮らしていましたが、大人に近づくにつれて、どうやらみんな学校の近くの駄菓子屋に通った経験があるらしい、ということに気づきました。
みなそれぞれに、駄菓子屋のおばちゃん、またはおばあちゃんの思い出や、好物の駄菓子、それについていたおまけやくじの話が尽きなくあって、私ひとり置いてけぼりをくった気持ちになったものでした。学校の帰りにこっそり寄り道して買い食いした、とか、ガキ大将のような存在の男の子に無理矢理おごらされた、とか、片想いの女の子会いたさに毎日通った……というような、いかにも小学生ならではのちょっぴり甘酸っぱい思い出。
そんな思い出があるのが、なんとも羨ましい。
駄菓子屋こそありませんでしたが、おやつは母が手作りしていてくれたおかげで、満ち足りていました。学校から帰って玄関を開けた時に、台所から甘い匂いが漂ってくるとうれしくて、急いでランドセルを置いて手を洗い、台所に駆け込んだものです。
マドレーヌ、缶詰のパイナップルとチェリーを使ったケーキ、シュークリーム、フルーツポンチ……今になって思うと、よくあれだけ手まめにいろいろなおやつを作ってくれていたものだと感心します。母に言わせると当時は気の利いたお菓子屋さんなどなかったから、とのことですけれど。
クッキーの型抜きは、大好きなお手伝いでした。粘土遊びの延長のような感じがして。ただ、手でこねすぎると生地が熱でだれてしまったり、堅い焼き上がりになってしまったりしておいしくならない。一見、優雅に見えるお菓子作りは、じつはそうではなくて、頭で段取りしつつすみやかに作業を進めないと、おいしく、かつ美しくはできないのだということをお手伝いから学びました。
室温で柔らかくなったバターに砂糖を入れて練ったり、生クリームを泡立てる作業も好きなお手伝い。なぜなら終わった後、泡立て器やゴムベラを舐めてもいい、というおまけがついてくるからです。
駄菓子屋や、気の利いたお菓子屋さんがなかったからこそ体験できたことは、いろいろあったんだなと思うと、置いてけぼりをくったような気持ちも収まりどころがつくというもの。これはこれでよかったのだと、最近思うようになりました。

ロンドン

ロンドンは折り目正しさと自由さの両方を兼ね備えている、なんともよい加減な街だなぁと訪れるたびに思います。街を歩いていても、チューブ（地下鉄）に乗っていても、なぜだか肩肘はった気持ちにならない。旅の間中、自分が旅行者であることを忘れさせてくれるのです。
訪れた時はちょうどクリスマスの前。街はすっかりクリスマス一色でしたが、なぜか私の心に残ったのは、いつもの街の風景でした。華やかなものより、地に足ついた素朴なものに目がいくようになってきたのは年を重ねてきたせいもあるかもしれない。

ロンドンの友人がプレゼントしてくれたのは、
ドライフルーツとスパイスがたっぷり詰まったクリスマスのお菓子、ミンスパイ。
少し温めていただきます。

街から少し離れただけで、もうこんな風景に。

ガーデニングショップの看板猫。

公園にはリスが。今日のおやつはなんの木の実？

ロンドン郊外の有名なチョコレート屋さんの
チョコレートケーキ。娘とふたり夜中に部屋でいただきます。

12月25日。公共の交通機関はほぼすべてストップ!?
公園もひとりじめ。

もちろんおやつはフィッシュ&チップス。
こちらトマトのケチャップ入れ。

もちろんビールとともに。
さてこれからどこに行こうか？

かりっとしていておいしい。
ビネガーをたっぷりかけるのが好き。

ロンドンから南東の海辺の街、ライへ小旅行。空の奥ゆきがちがって見える。

ライの街で見かけた素朴なお菓子屋さん。残念ながらお昼休み。あとでまた寄ろうね。

素朴であったかなライのティールームのアフターヌーンティー。
サンドウィッチとスコーンとラズベリージャムがはさまった女王様の好物、ヴィクトリアサンドウィッチケーキ。

緩やかな石畳の坂道。

こんなかわいいポストを発見。

丘の上にある教会から見た風景。

教会の入り口近くの道。

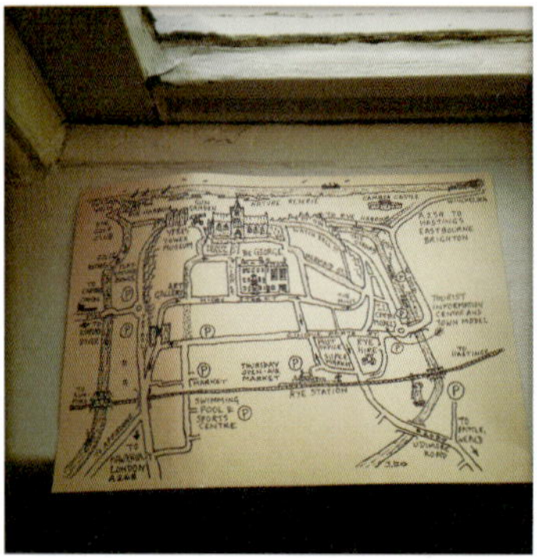

洒落たライの街の地図。

お腹が空いたらスコーンでおやつを。

ちょっとたくらみ顔？のトナカイ。
街のあちらこちらにアンティークショップが。

時おり青い空が顔を見せる。

ホテルの部屋には
かわいいティーバッグが置かれています。

ティ　セットは木の箱に。

ベッドの上には湯たんぽが。

あたたかいポットはこのマットの上にね。

ダンディゾンのシュトレン

ここ数年、クリスマスのシュトレンは吉祥寺のダンディゾンのものと決めています。全粒粉の自家製酵母でじっくり発酵させ焼き上げたという生地にはリキュールに漬け込んだ有機ドライフルーツがたっぷり。でもこのおいしさって何かほかにも理由があるんじゃないかな。なんだろう？　風味も甘みも、とてもおだやかでやさしいのです。「生地には北海道のバターをたっぷりしみ込ませて、きび砂糖で包んでいるの」とオーナーの引田さん。なるほど……。
じつはダンディゾンのシュトレンに出会うまで、このお菓子に特別な想いはありませんでした。あったら食べるけれど、自分で買うまでは……そんな距離感。引田さんも、最初、厨房から「シュトレンを出したい」という意見が出た時に、たしかにクリスマスらしいお菓子だけれど特にやらなくていいのにな、ととても消極的だったとか。「だってシュトレンって、堅くてぼそぼそしていて粉糖まみれ……そんな印象だったから」。そうそう、私も同感でした。ところが、試作品を食べて、やさしい味わいにびっくり。今では12月になる前から予約でいっぱいの人気のメニューになったのだそうです。
ところで気に入りの理由は、味わいのほかにもうひとつあります。それは、パンのイラストが描かれた箱。娘はこの箱を見ただけで、あ、シュトレン？とウキウキ。お気に入りの紅茶を淹れて、さあおやつの時間にしましょうか。

MARIAGE

オーボンヴュータンのタルトタタン

12月に入ると、今年はどんなリースを作ろうかと想いを巡らせます。毎年、ささやかな気持ちを込めて、お世話になった方々へ手作りのリースを贈るのが習慣になっているのです。
その時、リースに甘いものやお茶を添えることにしています。
月桂樹だけのシンプルなリースには、パッケージがかわいいダンディゾンのシュトレンを。モミやヒバをベースに松ぼっくりやどんぐりなどの実をあしらったリースには、スパイスの効いた紅茶がいいかな？
贈る相手のおやつの時間を思い浮かべながら、コーディネートするのです。
料理家の友人には、姫りんごや野バラの赤い実をたくさんあしらった華やかで思い切りかわいらしいリースを作ります。どうしてかって？　それは彼女のイメージにぴったりだから。
毎年、直接届け、一緒にお茶の時間を過ごすのも恒例になっています。
今日のお土産はオーボンヴュータンのタルトタタン。お店に並べるとすぐに売れてしまうというのも納得の、りんごがぎっしり詰まった冬だけのお楽しみ。
冬の間にあと何回食べられるかしら？　ついそんなことを考えてしまう、私の大好物のお菓子です。

友人の飼い猫のくろまるも、小さなマフラーを巻いてクリスマス支度？

ガレット・デ・ロワ

お正月も数日が過ぎると、私の心はひとつのお菓子に向かいます。
それは１月６日、イエス・キリストのエピファニー（公現祭）の時にいただく、ガレット・デ・ロワ。
パイ生地の中にアーモンドクリームを詰めて焼いた、とても素朴なフランスの伝統菓子です。
このお菓子、中にフェーブという陶器の小さな人形が入っているという、楽しいおまけつき。フェーブ入りのピースを食べた人は、お菓子の上にのった紙の王冠をかぶって、その日は１日、王様またはお姫様気分で過ごすのです。
最近は、日本のフランス菓子の店やパン屋さんでも、よく見かけるようになってきました。早いところでは元日の翌日くらいから店に並ぶので、我が家は、お正月、みんなが集まる時に用意しておき、毎年、この遊びをして盛り上がります。
娘や甥、姪、みんなだんだんと大きくなってきたので、さすがに王冠をかぶって大はしゃぎすることはなくなりましたが、でもやっぱりフェーブが当たるとうれしそう。
当たってうれしいのは大人も同じ。「今年はなんだか幸先がいいぞ」、そんな気分になるのでした。

くつわ堂から始まるおやつのはしご

「ここ、まさこちゃん好きだと思う。商店街の中にあるんだけど、なんだか落ちつくのよね」。高松を訪れた時に、知人に連れて行っていただいたのが、ここくつわ堂総本店です。
瓦せんべいで知られるこのお店の創業は明治のはじめ。知人の言葉どおり、たしかに賑やかな場所にありますが、2階の喫茶室はどこか懐かしさが漂う、居心地よさそうな空間。ゆったり、のんびりした空気が店内に流れています。
これから東京に帰るまでの数時間、観光するでもなく、お土産を買うでもない。おいしいコーヒーと甘いおやつをいただきながら、おしゃべりできる場所があったら……この人はいつもこんな風に、その時の気分にぴったりなお店えらびをしてくれるのです。
さて、何を食べようか。メニューを広げて、ホットケーキとサンドウィッチ、それからコーヒーをオーダー。ちょっとちょうだいね、と互いのお皿を気にしながら過ごす時間の楽しいこと。女同士、年は違えど共通の話題は多く、話しは尽きません。
「この後どうする？　おいしいうどん屋さんが近くにあるんだけど。せっかく高松に来たんだったら食べて行って欲しいわぁ」。この言葉に背中を押され、行きましたよ。うどんを食べに。
おやつのはしごですっかりふくれたお腹をさすりながら、でも心は大満足。また来たいな、高松の街。

ビターはおいしい

甘みの中に少し苦みが感じられると、味わいに奥深さが生まれます。ん、苦み？と一瞬、思うでしょう。でもおいしい苦みは、案外私たちに近いところにあるのです。
プリンの底（てっぺん？）のキャラメルソースやキャラメルがそれ。ね？　ああ、と納得するでしょう。もしもプリンにキャラメルソースがなかったら、と想像するとなんとも寂しい思いにかられるし、キャラメルは、苦みがあってこそおいしい。
私がよく作る苦みの効いたおやつといえば、りんごのソテーです。りんごをバターでソテーするのですが、りんごに火が通ったら、グラニュー糖をふり、クツクツとそのまま煮詰めていくと、やがて香ばしい香りが立ってくる。この香ばしさこそが、おいしい苦みのもとになっています。熱々をそのまま食べてもいいけれど、相性がよいのがバニラアイス。器に盛ったアイスにりんごのソテーとソースをかけて食べれば、ビストロのデセールに出してもいいんじゃないの？と思うようなすてきなひと皿のできあがり。
もうひとつのりんごのお菓子は「パン・ド・ジェーヌ」というフランス菓子。こちらはやや焦げ目をつけてソテーしたりんごと、焦がしバターを生地に入れて流し込んで焼くという、苦みの２段活用。同じ素材でも手の加え方次第で、味の方向はおいしいにつながったり、おいしくないにつながったりするところが、興味深いなと思います。

神保町のいつものコース

馴染みの編集部がいくつかあることから、打ち合わせなどでたいてい月に１度は神保町の街を訪れます。せっかく行くのならと、その日は他の用事は入れないで、帰りがけに映画を観たり、古書店巡りをしてこの街で１日を過ごすことにしています。
ビアホール・ランチョンで洋食のランチか、喫茶・さぼうるで山盛りナポリタンか。お昼ごはん、何食べよう？と悩むことはあるものの、映画館なら岩波ホール、料理本は悠久堂、コミックならば高岡書店というように、毎回、立ち寄るところはほぼ同じ。
最後は柏水堂でコーヒーとケーキをいただきながら、戦利品の本を開いてひと休み、というのがお決まりのコースになっています。
プードルケーキに、３種のプチシュークリームがセットになったトリオシュークリーム、ちょっと懐かしいバタークリームのデコレーションケーキ……ショーケースの中から、今日はレモンタルトをひとつ。
この街には、喫茶店がいくつもあるけれど、最後にここに立ち寄りたくなる理由のひとつに、アールデコ調のレトロな店内の感じのよさがあります。
使い込まれたコーヒーミルや花柄のお皿、白いアイアンの椅子……80年という店の歴史がうまい具合に溶け合って、とてもよい味わいを醸し出しているのです。

お店の奥にしつらえられたテーブル席。
場所柄かケーキを食べながら
買ってきたばかりの古本を読むお客様の姿も
ちらほら。

仕事の合間のひと息

ひとりで原稿を書いている時も、みんなで撮影している時も、楽しみなのは、やっぱりおやつの時間です。
お茶やコーヒー、それから少し何か甘いもの。もしくはちょっとお腹にたまるものを。
おやつを食べた後は、さあ、これからまた仕事をするぞ、とすっかりやる気になっている。自分の体の中に流れる空気が入れ替わる、そんな気がするのです。

揚げたてアツアツのおからドーナッツ。
豆腐の撮影時のおやつ。

1日、料理の撮影。栗きんとんが入った羊羹。
秋ですね。

長丁場の打ち合わせには、
甘いものがしみじみうれしい。

安曇野の陶芸家さん宅へ。
お茶とともに出してくれたのはくるみゆべし。

名古屋のデザイナーさんのところで。
サーブの仕方がいつもかわいい。

猛暑の京都取材 1。
おだやかな味わいの手作りいちごシロップ。

猛暑の京都取材 2。
冷たい氷がするりとのどを通っていく。

奈良で撮影。ころりとかわいいくるみの最中。

今日は家で１日原稿書き。
娘にせがまれ、タピオカマンゴーミルクティーを作る。
たまにはこんなおやつもいいものです。

編集の方からの差し入れ。
焼きたてどら焼き。

クッキーとミルクティー。
家でひとりの仕事中、一番多いのがこんな組み合わせ。

料理家さんの家にて。
ショートブレッドに鳥柄のお皿がぴったり。

原稿書きの１日。エクレアとシュークリーム、
午前と午後でひとつずつ食べる予定。

金沢で撮影。ていねいに淹れてくれたコーヒー、
そして手作りのクッキー。

北欧雑貨のバイヤーさん宅で。
クロスとクッキーにかかったアイシングが同じ色！

名古屋で撮影。
ここの天むすはにぎり具合が絶妙。

金沢の友人の結婚式の引き出物にいただいたおまんじゅう。
締め切り迫る中、かわいらしさにほっとひとり心なごむ。

温泉取材。
おやつはもちろん温泉まんじゅう。

料理家さんの家で撮影。今日のおやつ当番は私。
バームクーヘンをお土産に。

家で打ち合わせ。
ぱふっとした不思議な食感のフリーズドライのフルーツ。
水出し緑茶と一緒に。

京都取材中、フルーツサンドがどうしても食べたくなる。
今日はいちじくとメロンのサンドを。

シャンパンの撮影にはビスキュイローズを。

小田原で打ち合わせ。栗菓子をお土産に。

いざ、赤福本店へ！

もちーっとした食感と舌触りもなめらかなこしあんの妙。その佇まいを思い出すだけで、胸がキュンとしめつけられるお菓子・赤福餅。
関西を訪れた時など、新幹線の駅の売店などで見かけると買わずにはいられない……そんなに好きなお菓子なのに、誕生の地・伊勢の赤福本店を訪れたことはありませんでした。
でもいつかは……と思っていた矢先、仕事帰りに伊勢神宮に寄ってみようか？ということに。
伊勢神宮の参拝を終え、身も心も清々しさでいっぱいになったところで、いざ、赤福本店へ！
ここで知ったのですが、赤福の屋号は「赤心慶福」という言葉から来ているのだそう。赤心慶福とは「赤子のような、いつわりのないまごころを持って自分や他人の幸せを喜ぶ」という、神宮参拝者の心のありようを表しているのだとか。
あんにつけられた３本の筋は、伊勢神宮神域を流れる五十鈴川のせせらぎを、お餅は、その川底の白い小石がモチーフになっているそう。なるほど、知ると知らないのとでは、ずいぶんと食べる時の気持ちの持ちようが違ってくるものです。
店頭の竈で沸かしたお湯で淹れられたお番茶と一緒にいただく赤福餅のおいしさは言わずもがなで、なるほど門前に旨いものありとはよく言ったものだなぁ……としみじみ、の初・赤福本店なのでした。

橋の向こうが伊勢神宮。

菊の展覧会開催中でした。

参拝前に伊勢うどんで腹ごしらえ。

もちろんお土産も買いました。

まるで絹のような、なめらかなこしあん。

サクマドロップスとポッキー

私にとって気楽なもののおやつの代表は飴ではないかしら。バッグにはたいていいつもサクマドロップスの缶をしのばせて、お腹が空いた時に、ごそごそとドロップを取り出し、ぱくり。ほっぺたの片方にしまうように閉じ込めて、じっくりゆっくり味わいます。
この方法を編み出した（というほどたいしたことではないのですが）のは小学生の頃。遠足だったか、社会科見学だったかに行く途中のバスの中。友だちみんなでひとつの飴をどれだけ長く舐めていられるか競争をした時のことでした。
我慢に耐えきれず、がりがりかじってしまう子、うっかり飲み込んでしまう子など、飴の舐め方も子どもによっていろいろでした。
私はいろいろ考えた末のほっぺた閉じ込め作戦。
結果は？　もちろん優勝です。だって、あんまり舐めていないのですからね。
これも楽しい思い出のひとつに違いないのですが、じつは私は遠足をずる休みして、前日に友だちと買いに行ったおやつをベッドにもぐりこみながらひとりこっそり食べるのが好きな子どもでした。
「お菓子は 500 円以内」という遠足のしおりの決まりにのっとって、律儀に「えーと、これは 50 円でこっちが 70 円だから……あと 180 円か！」などと計算しながら、けれどもその時はウキウキしながら買いものをしているのにもかかわらず、なぜだか当日、遠足に行きたくなくなってしまうのです。
子ども時代の自分の気持ちは、もはやその時の私にしか分からない過去の記憶になっていますが、ただひとつ言えるのは、無理強いせずに遠足を休ませてくれた、母の大らかさに助けられた、ということです。
サクマドロップスのほかに、もうひとつ忘れてはならないのが、グリコのポッキーです。これも遠足のおやつに欠かせないものでした。じつは今でも仕事でどこかに行くときは、ポッキーを鞄の中に潜ませています。特に新幹線にはポッキーがつきもので、席に座るなりあの赤い箱を取り出して、ポリポリ。
子どもの頃から食べているのだから……とざっと計算しても、40年以上のおつきあい!?　移り変わりの激しいお菓子業界の中でそんなに永く愛されているお菓子ってそうそうないのではないでしょうか。ポッキーにはいくつか種類がありますが、私の好みはスタンダードなもの。新幹線に乗り込む前に、駅の売店などで買うのですが、ほかのお菓子に目移りすることはまずありません。
サクマドロップスもポッキーも、記憶をたどれば遠足をずる休みしてベッドの中で食べた、懐かしさいっぱいの味。
今となっては、さすがに、ベッドの中で味わうことはなくなりましたけれど。

お手製のバースデーケーキ

友だちも３人集まれば、かしましいことこの上ないのですが、たわいのないおしゃべりの時間ほど楽しいものはなく、時間が経つのも忘れてしまいます。先日もそんな風にしていつもの友人たちと集まっていたのですが、急に話がストップしたなと思ったら「HAPPY BIRTHDAY TO YOU ！」と歌いながらケーキを持ってきてくれるではありませんか。自分の誕生日のことなどすっかり忘れていたので、びっくりするやら、照れくさいやら。
お手製のそのケーキはさすが料理のプロとも言うべき美しさで、その姿に見惚れてしまいました。食べるのはもったいないねと言いながらも、胃袋はだまってはいない。どんな味なんだろう？という興味がふつふつ湧いて、すぐにナイフを入れてもらうことにしました。
いつも、こんな風にふんだんにフルーツがのったケーキを切る時、どうすればいいんだろう？と迷います。自分では美しく切る自信がないので、じっと友人の手もとを見ていると、いとも簡単に切り分けていく。
きれいに切れる理由はいくつかあって、まずはよく切れるナイフを使うこと。切るたびにナイフについたクリームを拭き取ること。それから思い切りのよさも秘訣のようです。美しく切り分けられたケーキは、生地やクリーム、フルーツの酸味と甘みのバランスがなんともよい加減。ひとつ年を取ったことに幸せを感じた１日でした。

腹ぺこの味方

仕事に出かける時は、朝、おにぎりを作ってバッグにしのばせておきます。
居心地のよさそうな公園を見つけてベンチに腰掛けながら。時間のない時は、車の中でパクリ。仕事の合間に、お腹が空いてもおにぎりさえあれば恐いものなし。腹ぺこの強い味方です。
入れる具はその時によっていろいろです。
フライパンでかりっと煎ったじゃこ、ゆかり、梅干し。塩むすびの時もあれば、ぐるりと海苔だけ巻いて……なんてこともあり。
煎った桜エビと白ごまを混ぜ込んだり、酢米に搾菜とごま油を混ぜたり。素材の組み合わせを考えるのも楽しい。
作るおにぎりはたいていいつも小さくにぎったものを２つか３つ。それと一緒にお茶も用意して出かけます。
素材のでどころがはっきりしていて安心なところも、手作りおにぎりのよいところ。
おかげで「お昼ごはん、食べそこねた！」なんてこともなくなって、仕事に集中できるようになりました。

京都で小腹が空いたなら

いつだったか、京都で外国の人が道に迷っていたので助け船を出そうと話しかけたら、お腹が空いているから何かちょこっと食べたい、とのこと。そうか、小腹が空くのはどこの国の人も一緒なんだなと、なんだか親しみを感じたのでした。
京都にいると、ふだんよりもよく歩くことに気がつきます。よく歩くということはそれだけお腹も空くというもの。そんな時にひとりでふらりと立ち寄る店を覚えておくといいものです。

イノダコーヒのイタリアンは太めの麺が特徴。

新幹線に乗り込む前に、駅の松葉でにしん蕎麦を。

八坂さんのすぐ近く、いづ重のお寿司。

お行儀よく並んだ姿が好き。
喫茶店の海老フライサンド。

ピンクのチェックのテーブルクロスに合わせて、白いスープとフレンチトーストをオーダー。

お蕎麦の前にお酒を少し。大人のおやつの時間。

河原町通りのお寿司屋さん。
となりに座り合わせたおじいちゃんと
世間話をしながら食べる。

祇園・権兵衛のけいらんうどん。冬はこれにかぎります。

帰りの新幹線の中で食べるいづうの鯖姿寿司。

名古屋人に愛されて60年、喫茶ボンボン

仕事で名古屋を経由して、三重へ行く途中の車中から気になる看板を目にしました。「喫茶ボンボン」。ボンボンというその響き、トリコロールの看板、そこに書かれた書体のかわいらしさ。妙に惹かれるものがありました。とはいえ、その時は仕事の最中。寄りたい気持ちを我慢して、でも店名だけは心にしっかりメモを残して、次回の名古屋行きの時にはぜひ訪れよう、そう決意したのでした。
念願かなったのは、それから1カ月後のことです。
もともとはお菓子の卸しから始まったというボンボン。昭和24年の創業以来「いいものをお値打ちで」という思いを込めて、出来たてのおいしいケーキを手頃な価格で提供しているとか。その言葉の通り、いちごの2段サンドのショートケーキ340円、ガトーショコラ、モンブラン、チーズケーキ250円!?という驚きのお値段。
ショーケースに並ぶおよそ30種類あるというケーキは隣の喫茶室でいただくことができるとあって、えらぶ目は真剣になります。
「昔からケーキ食べようか？　コーヒー飲もうか？　なんて時には、必ずここに来るなぁ」と名古屋の友人。いいなぁ、こんな純喫茶が家の近くにあるなんて。
名古屋人に愛されて60年。
まだ「パティシエ」などという言葉が存在していない頃から、変わらず作られてきた「日本のケーキ」に出会える数少ない喫茶店です。

一目見たら忘れられないデザインの看板。

店内は落ちついた雰囲気。お客さんはみな、お気に入りの席があるみたい。

COFFEE CAKE
BONBON

グラノーラ、グラノーラ！

ロンドン、パリ、ニューヨーク、フィンランド、台湾……世界のいろいろな街に友人たちが住んでいます。私が遊びに行くと、自分の時間を割いて、おいしいと評判のレストランに連れて行ってくれたり、おすすめのホテルを予約しておいてくれたり。
そのコンシェルジュぶりは素晴らしく、毎回帰りの飛行機の中で、こんな言葉を思い出します。「持つべきものは友」なのだと。
だから私も、せめてものお返しにと、時々、希望を聞いて日本から荷物を送ります。
ニューヨークの友人は梅が大好き。そろそろ梅干しが底を尽きると言うので、梅干しと、梅シロップ、梅ジャムを。瓶が多かったのでクッション代わりに、かつお節や乾燥ひじき、切り干し大根を入れました。「まるで田舎に住むおっかさんからの荷物のようだった！」。このおっかさん便、なかなか好評でした。
先日、ニューヨークから届いたのは、グラノーラの詰め合わせ。私が最近、グラノーラを持ち歩いてお腹が空くと食べていると言っていたのを覚えてくれていたのです。さすがニューヨーク。味わいもパッケージもとても洒落ている。きっと私が好きそうなものをいろんな店で買い集めてくれたのでしょう。そんな気づかいが伝わる荷物でした。
今日のおやつはどのグラノーラにしよう。当分楽しみが続きそうです。

ニューヨーク中（?）を駆け回って集めてくれたグラノーラ。

ロンドンの綿あめ

ニューヨーク便が届いてからほどなくして、ロンドンの友人からも荷物が届きました。
わくわくしながら荷物を開けると、そこに入っていたのは、オレンジ色とうすいグリーンの袋入りのお菓子。
一瞬見ただけではそれがなんなのか分からない、不思議な姿のこれ、一体なんだと思いますか？
正解は……綿あめなのでした。
袋入りの綿あめを手で少しずつほぐしていくと、ふわりとした触感。
どうしてべたべたしないのかが本当に謎なのですが、口に入れるとたしかに綿あめなのです。
オレンジはオレンジブラッサム味、薄いグリーンはピスタチオ味。
きちんと素材の味がして、そのおいしいことったら！　綿あめはどことなく子どもの食べものという印象でしたが、大人も満足の味わいなのでした。
ところで、この綿あめ、オレンジブラッサムとピスタチオ以外にローズ味などもあるのだとか。
ロンドンの綿あめは、なんとも洒落ているのです。

pariya
persian indulgence
pashmak
persian fairy floss
orange blossom
e 200g/7.1oz
pariya
pashmak
persian fairy floss
pistachio
e 200g/7.1oz

台湾でピーナッツ三昧

台湾ではお餅のまわりにきな粉のようにピーナッツの粉をまぶしたピーナッツ餅や、ほろっとした食感のクッキーなど、ピーナッツを使ったおやつによく出会いました。
どれも風味がとても濃厚。ひと口食べると、口の中でピーナッツの味がパーッと広がるのです。
台湾のちょうどまん中にあたる台中を旅した時に入った客家料理の食堂でお通しに出てきたのは、塩の効いたピーナッツです。
薄皮のまわりに、しっかり塩がついたそれは、とてもあと引く味。
帰りがけ、ふとレジの横を見ると、そのピーナッツが入った瓶詰めが売られているではありませんか。
ちょっと重そうだし、まだ旅の途中でしたが、この味が家でも楽しめるなら……と買って帰ることにしました。
仕事が一段落した夕方、ビールと一緒にぽりぽりと食べようか。料理に使ってみようか？　この塩気は案外、タフィーにも合いそう。
目の前にある瓶詰めを眺めながら、ひとりもの想いにふけります。
「台湾には有名なピーナッツの産地があって、そこのはとてもおいしいんですよ」。そう言えば台湾の友人、小蔓《シャオマン》さんがこんなことを言っていたのを思い出しました。
今度、台湾を訪れる時は、ぜひそこに行ってみたい。きっとまだまだ私の知らないピーナッツのおやつが潜んでいるに違いないから。

台湾帰りのティータイム

小蔓さんは、お茶の先生。台北で茶藝館を営んでいます。同年代で、ともに器が好き、旅が好き、そして何よりおいしいものが好きという共通点がたくさんある私たちは、仕事を通じて知り合いましたが、すぐに意気投合。彼女のおかげで台湾のお茶の愉しみ方を知ることができました。

台湾のお茶は、お湯の温度や、茶器に合った茶葉の量や蒸らし時間などを見極めることが大切ですが「こうでないといけない」というような難しい作法は基本的にはないとか。

私は小蔓さんの言葉のとおりに、茶葉に合った淹れ方を守りこそするものの、比較的自由に、お茶の時間を過ごしています。

お茶の愉しみは、イコールお菓子の愉しみの時間でもあります。

ドライマンゴー、パイナップルケーキ、シナモンの香りを効かせたクッキー、ピーナッツの焼き菓子……台湾を訪れた時はいつもお茶と一緒に、お菓子もたくさん買って帰ることにしています。

「お茶でも飲みに来ない？」

午後のティータイムに集まった友人は２人。お持たせの栗きんとんも一緒に台湾のお菓子を囲んでお茶の時間。淹れるたびに変化していくお茶の香りと味を感じながら過ごす台湾帰りのティータイム。

そうか、今度からお菓子を手渡すだけでなく、こんな風にお茶の時間もお土産にしよう。きっとみんな喜んでくれるはず。

奶油花生酥

名古屋・コンパルでお茶を

名古屋は喫茶店が充実していて、うらやましいなと思うことがよくあります。いわゆる「カフェ」ではなくて「喫茶店」が。
喫煙にゆるい店が多い（ような気がする）のもいいな、と思っています。私は煙草は吸いませんが、隣に煙草を吸う人がいても、あまり気にならない。だってひと休みに来る場所だもの、まあいいじゃないですか、と思っています。
これだけ充実していると、やはりみなそれぞれ行きつけの店があるようです。
名古屋生まれの友人に案内してもらったのは大須商店街のほぼ中心にある「コンパル」という喫茶店。名古屋市内に9店舗も展開している喫茶店だそうですが、ここ大須本店は昭和の面影を残す、風情のある佇まい。昭和22年の創業当時から変わらないブレンドに加え、30年代中頃からはエビフライサンドを代表とするサンドウィッチメニューが充実。今ではその数、なんと25種類以上もあるのだとか！
新聞片手におじさんがひとりでぶらりとコーヒーを飲みに来ていたり、OL風のふたり連れがランチしに来ていたり。子ども連れのお母さん、常連と思われるおじいちゃん。ぐるり見渡せば、いろんな顔が見えてくる。「喫茶店は街の文化だ」と言った人がいたけれど、ほんとその通りだと私も思う。

コンパル

ハワイ

気心の知れた友人、そしてその子どもたちと、ハワイの旅を計画。仕事を持って行ったけれど、青い海と空を見てしまったら、そんなことはできないと一瞬で諦める。携帯電話とパソコンの存在は、ここにいる間は忘れてしまおう。裸足でビーチを散歩していたら、足の指の隙間からユルユルとした空気が入ってきて、もう東京へは帰れないんじゃないか？　本気でそんなことを思いはじめる私。
1年のうち、こんな空き時間もまたいいものです。

ねっとりとした甘さが特徴。小ぶりのアップルバナナ。

私たちの部屋からの眺め。

いかにもアメリカ？　チョコたっぷりのクッキー。

海で遊んだり、絵を描いたり、散歩したり……
みんなそれぞれのペースで過ごす。

海を見ながらのビールは至福の時間。

スーパーでトロピカルなフルーツを調達。

朝、鳥の鳴き声で目を覚ます。

軽いスナックとちょっとした飲み物を出す、気軽な店。

散歩中に見つけたかわいらしい窓辺。

滞在中、毎日食べたパイナップル。とってもいい香り。

グラスの飾りにハワイを感じる。

鳥の歩き方もどこかのんびり。

ブランチは？　もちろんパンケーキ！　ふわふわ、しっとり。そしておっきい！

いろんな種類のパンケーキが揃って、
テーブルが賑やか。

娘はシナモンたっぷりのりんごの焼き菓子をオーダー。
大らかな味！

あまーいパンケーキには、
アメリカンコーヒーがよく似合う。

食べきれない分はこんな容れものに入れてくれます。

ハワイのソウルフード？　ロコモコを初体験。

プールサイドでビールとフライドポテト。

搾りたてのフレッシュジュースのおいしいこと！

少し郊外のマーケットへ。

借りていたコンドミニアムはどこか懐かしい佇まい。

アサイーのスムージーにトッピングをたっぷり。

マーケットでハチミツをえらびます。

今日のおやつはいちごのアイスクリームと、
オーガニックストロベリーのマリネ。

なぜか鳥に目がいきます。

地元の人で大賑わいのコーヒーハウス。
どれも親しみが感じられる味わいで、混んでいる理由はそこにあるのだなと納得。

とうとう旅も終盤。お土産探しにも熱が入ります。
だれにあげても喜ばれるミニくまちゃんハチミツ。

パッケージもかわいい、ハワイ土産の定番パイナップルクッキー。

コムハニー（蜂巣）は、
ハードタイプのチーズと食べたい。

こちらもマーケットで。
試食して好みの味を見つけるのもまた楽し。

プリンかホットケーキか

その言葉のひびきも、味わいも、そして見た目も。どこをとってもかわいらしい食べものだなと感心するおやつがプリンです。
使う材料は卵と砂糖、牛乳ととてもシンプルながらも、キャラメルソースの苦みの具合や材料の配分などで、いろんな味わいになる。
なんとも興味深い食べものだなぁと思っています。
京都・寺町のスマート珈琲店のプリンは、私が頭の中で思い描いた「プリン」がそのまま形になったものと言えるでしょう。
材料の配合も、火の通し方も、きっともうこれ以上、足しも引きもしなくていいんだろうな、という味わいです。
白いお皿の上にのったガラスの器と添えられたスプーンも、とても可憐で感じがいい。
足しも引きもいらない、という点では、このお店のホットケーキもそう。店名の文字が入った白いお皿にのった様子は、ホットケーキのあるべき姿とでも言ったらいいのでしょうか。
ほかほかの焼きたてにハチミツをたらりと回しかけ、バターと一緒にひと口食べると、ああそう。これ、この味！
……味わいもまたあるべき姿なのでした。
プリンかホットケーキか。さんざん迷ったあげく、まず遅めのブランチにとホットケーキを。その後デザートにプリンをいただきました。欲張り。

Smart

京都の大黒屋鎌餅

見るだけでほっこり心が温まる大黒屋鎌餅本舗の鎌餅は、京都を訪れたならば、ぜひとも買って帰りたいお菓子のひとつです。
ぽてっとかわいらしい形は「鎌」をモチーフにしたもの。豊作を祈り「福を刈りいれる」という願いが込められたものなのだとか。
杉を薄く削ったへぎに大切にくるまれたお餅はしっとり、もっちり。10時間以上かけて（！）炊き上げるという、なめらかなあんことの相性も抜群で、「口福」という言葉はこの鎌餅のためにあるんじゃないか？と思うほど、食べて幸せを感じるお菓子です。
大黒屋さんへは、京都を旅立つ日に伺うことにしています。なぜって？　それはこの幸せをだれかにも感じてほしいから。いくつか包んでいただいて、お土産にするのです。
もちろん家で食べるおやつも忘れません。鎌餅のほかに、竹の皮に包まれたでっち羊羹、それから木箱にお行儀よく並んだ懐中汁粉もいくつか。
家に帰って台所の片隅にこの包みが置いてあるだけで、ああしばらく私のおやつ生活も安泰だわ、と思うのです。

鎌餅と一緒にでっち羊羹も。

きちんと整列しているのは懐中汁粉。

包装紙もいい味わいです。

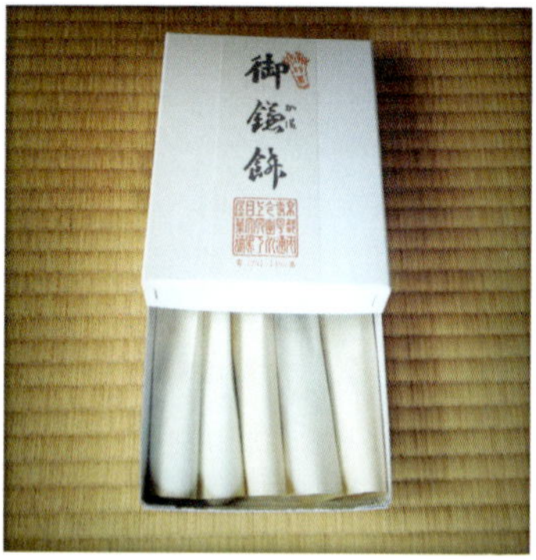

鎌餅はこんな風に箱に収めてくれます。

いつ訪れても変わらない味、そして店内。京都はすごいなぁとこの店に来るたびに思う。

お問い合わせ先一覧　2014年10月現在

p16
開運堂
長野県松本市中央2-2-15
☎0263-32-0506
http://www.kaiundo.co.jp/
定休日：元旦
◎このお菓子「桜萬寿」は2月下旬から4月上旬だけのお取り扱いです。

p18
岡埜榮泉
東京都港区虎ノ門3-8-24
☎03-3433-5550
定休日：日曜日、祝日、土曜日は12時迄

p19
越後家多齢堂
京都府京都市上京区今出川通千本東入
☎075-431-0289
http://www.echigoya-kasutera.com/
定休日：水曜日、第3火曜日

p20上、124
くつわ堂総本店
香川県高松市片原町1-2
☎087-821-3231
http://www.kutsuwado.com/
定休日：元旦

p20下左
梅花堂の鬼まんじゅう
愛知県名古屋市千種区末盛通1-6-2
☎052-751-8025
定休日：不定休

p21
鍵善良房四条本店
京都府京都市東山区祇園町北側264
☎075-561-1818
http://www.kagizen.co.jp/
定休日：月曜日（祝日の場合は翌日）

p22上
浦志満本舗新保菓匠工房
岡山県岡山市南区新保370-2
☎086-232-5070
定休日：なし

p22下
伊勢のお菓子　五十鈴茶屋本店
三重県伊勢市宇治中ノ切町30
☎0596-22-3012
http://www.isuzuchaya.com/
定休日：なし

p23 下左
金沢の福徳煎餅　落雁諸江屋本店
石川県金沢市野町 1-3-59
☎ 076-245-2854
http://moroeya.co.jp/
定休日：元旦
◎福徳煎餅は 12 月から 1 月の初めだけのお取り扱いです。

p24 上
フィナンシェ　ノワ・ドゥ・ブール
◎お取り扱いは次のお店にて。
新宿伊勢丹　☎ 03-3352-1111
日本橋三越　☎ 03-3241-3311
http://www.noix-de-beurre.com/index.html

p24 下
近江屋洋菓子店神田店
東京都千代田区神田淡路町 2-4
☎ 03-3251-1088
http://www.ohmiyayougashiten.co.jp/
定休日：元旦

p25 下左
ホレンディッシェ・カカオシュトゥーベ
◎お取り扱いは新宿伊勢丹などにて。
新宿伊勢丹　☎ 03-3352-1111

P25 下右
ミディ・アプレミディ
京都府京都市中京区東洞院三条下ル 2 階
☎ 075-212-4977
http://tsudayoko.com/
定休日：月、火、水曜日

p26、27 上、118
オーボンヴュータン尾山台本店
東京都世田谷区等々力 2-1-14
☎ 03-3703-8428
定休日：火、水曜日

p34
APOC
東京都港区南青山 5-16-3-2F
☎ 03-3498-2613
http://www.sasser.ac/apoc/
定休日：火曜日、第 1、3 水曜日

p38、151 上左、152 上
イノダコーヒ本店
京都府京都市中京区堺町通三条下ル道祐町 140
☎ 075-221-0507
http://www.inoda-coffee.co.jp/
定休日：なし

p42
ニューヨークグリル
東京都新宿区西新宿 3-7-1-2
パークハイアット東京 52F
☎ 03-5322-1234
http://tokyo.park.hyatt.jp/ja/hotel/home.html

p60
塩川喫茶部
長野県松本市大手 4-12-8
☎ 0263-32-2818
定休日：水曜不定休

p62
開運堂・松風庵
長野県松本市開智 2-3-30
☎ 0263-32-1985
http://www.kaiundo.co.jp/
定休日：火曜日（祝日の場合は翌日）

p64
月ヶ瀬
京都府京都市東山区祇園町南側 584
☎ 075-525-2131
http://www.tsukigase.jp/

p68
ブルックリン・ファーマシー＆
ソーダファウンテン
（Brooklyn Farmacy & Soda
Fountain）
513 Henry St. Brooklyn
☎ 718-522-6260
http://www.brooklynfarmacyand
sodafountain.com/

P70
ディーン＆デルーカ本店
（DEAN & DELUCA）
560 Broadway, New York
☎ 212-226-6800
http://www.deandeluca.com/

p76
頂好食品
神奈川県横浜市中区山下町 137
☎ 045-651-0633
定休日：なし

p78
エル
神奈川県横浜市中区山下町 185
☎ 045-641-2800
定休日：なし

p84
芳光
愛知県名古屋市東区新出来 1-9-1
☎ 052-931-4432
定休日：日曜日、1月1～3日

p98
奈良ホテル
奈良県奈良市高畑町 1096
☎ 0742-26-3300
https://www.narahotel.co.jp/

p102
ヨシカミ
東京都台東区浅草 1-41-4
☎ 03-3841-1802
http://www.yoshikami.co.jp/
定休日：木曜日

アンヂェラス
東京都台東区浅草 1-17-6
☎ 03-3841-9761
定休日：月曜日（祝日は除く）

p114
ダンディゾン
東京都武蔵野市吉祥寺本町 2-28-2 B1F
☎ 0422-23-2595
http://www.dans10ans.net/
定休日：火、水曜日

p128
柏水堂
東京都千代田区神田神保町 1-10
☎ 03-3295-1208
定休日：日曜日、祝日

p140
赤福本店
三重県伊勢市宇治中之切町 26
☎ 0596-22-7000
http://www.akafuku.co.jp/
定休日：なし

p151 上右
松葉 京都駅店
京都駅 2 階　新幹線コンコース内
（博多方面ホーム下、東京寄り）
☎ 075-693-5595
http://www.sobamatsuba.co.jp/
定休日：なし

p151 下左
いづ重
京都府京都市東山区祇園町北側 292-1
☎ 075-561-0019
http://izujugion.wix.com/izuju
定休日：水曜日（祝日の場合は翌日）

p153 上右
権兵衛
京都府京都市東山区祇園町北側 254
☎ 075-561-3350
定休日：木曜日

p153 下
いづう
京都府京都市東山区八坂新地清本町 367
☎ 075-561-0751
定休日：火曜日（祝日は除く）

p154
喫茶ボンボン 泉本店
愛知県名古屋市東区泉 2-1-22
☎ 052-931-0442
http://cake-bonbon.com/
定休日：なし

p166
コンパル大須本店
愛知県名古屋市中区大須 3-20-19
☎ 052-241-3883
http://www.konparu.co.jp/
定休日：なし

p180
スマート珈琲店
京都府京都市中京区寺町通三条上ル天性寺前町 537
☎ 075-231-6547
http://www.smartcoffee.jp/
定休日：喫茶は無休、ランチは火曜日定休

p182
大黒屋鎌餅本舗
京都府京都市上京区
寺町通今出川上ル 4 丁目阿弥陀寺前町 25
☎ 075-231-1495
定休日：第 1、3 水曜日

伊藤まさこ（いとう・まさこ）

1970年、横浜生まれ。文化服装学院でデザインと服作りを学ぶ。料理や暮らしまわりのスタイリストとして活躍。旅や雑貨、好きな本やワードローブなどについての自らのスタイルを紹介する本を多数発表し、多くの読者の支持を得ている。お酒もいける口であるが、かわいらしくて、ほっとさせてくれるおやつが大好きな甘党でもある。おもな著書に『おくりものがたり』（集英社）、『京都てくてくちょっと大人のはんなり散歩』（文藝春秋）、『雑食よみ　日々、読書好日。』（KADOKAWAメディアファクトリー）、『ちびちびごくごくお酒のはなし』（PHP文庫）など。

デザイン………渡部浩美
写真……………伊藤まさこ

本書は書き下ろし作品です。

おやつのない人生《じんせい》なんて

2014年12月5日　初版第1刷発行

著　者　　伊藤まさこ（いとう・まさこ）

発行者　　熊沢敏之

発行所　　株式会社筑摩書房

東京都台東区蔵前2-5-3　〒111-8755

振替　00160-8-4123

印刷・製本　凸版印刷株式会社

乱丁・落丁本はお手数ですが下記にご送付ください。送料小社負担でお取り替えいたします。ご注文・お問い合わせも下記にお願いします。

さいたま市北区櫛引町2-604　〒331-8507

筑摩書房サービスセンター　☎048-651-0053

ISBN978-4-480-87880-9　C0095